Die Mobile-Device-Präsenz von Chic Ethic

Lea Göttert

Bibliografische Information der Deutschen Nationalbibliothek:

Die Deutsche Nationalbibliothek verzeichnet diese Publikation in der Deutschen Nationalbibliografie; detaillierte bibliografische Daten sind im Internet über http://dnb.d-nb.de abrufbar.

ISBN: 9783346576835
Dieses Buch ist auch als E-Book erhältlich.

Druck und Bindung: Books on Demand GmbH, Norderstedt Germany
Gedruckt auf säurefreiem Papier aus verantwortungsvollen Quellen

Das vorliegende Werk wurde sorgfältig erarbeitet. Dennoch übernehmen Autoren und Verlag für die Richtigkeit von Angaben, Hinweisen, Links und Ratschlägen sowie eventuelle Druckfehler keine Haftung.

Das Buch bei GRIN: https://www.grin.com/document/1163818

Hausarbeit Mobile Commerce

Studiengang: MBA Digital Transformation

Name: Lea Göttert **Datum**: 13.12.2021

Inhaltsverzeichnis

1 Einleitung

Die folgende Hausarbeit beschäftigt sich mit dem Thema Mobile Commerce.

Dabei wird das Unternehmen Chic Ethic mit Sitz in Graz als Beispiel verwendet.

Es wird beispielsweise auf Mobile Device Trends, die Unterschiede zwischen Web Apps und Nativen Apps, die einzelnen Formen von Mobile Devices und das ROPO-Phänomen eingegangen. Ebenso wird die Mobile Präsenz mit der des Unternehmens Herzchenklein verglichen.

2 Die Mobile Device Präsenz von Chic Ethic

Bei Chic Ethic handelt es sich um ein Unternehmen mit Sitz in Graz, welches es sich zur Aufgabe gemacht hat schöne Dinge mit Ethic zu verbinden. Dazu bietet das Unternehmen Produkte aus fairem Handel an. Der Schwerpunkt liegt dabei auf bio-fairer Kleidung. Diese Produkte bekommt das Unternehmen, welches von Hélène und Andreas Reiter-Viollet im Jahr 2009 gegründet wurde, von vielen Verschiedenen Produzenten und Lieferanten. [1]

2.1 Die Nutzung von Chic Ethic über Mobile Devices

Besucht man die Website von Chic Ethic auf einem Mobilen Device fällt zunächst auf, dass nach dem Akzeptieren der Cookie Richtlinien, was im Webserver gleich abläuft, angeboten wird sich für einen Newsletter anzumelden. Für die Anmeldung erhält man einen Gutschein, welcher beim besuchen der Website gleich ist. Die Newsletteranmeldung wird bei der Website groß auf der Startseite eingeblendet. Bei der Version auf einem Mobilen Device ist die Anmeldung oben als schmaler Streifen zu sehen. Die Newsletteranmeldung findet sich bei beiden Anwendungen ebenfalls unten auf der Seite. Während sich auf der Website oben weitere Klappleisten wie beispielsweise Geschenkideen, Women, Man oder Blog finden sind diese bei der Darstellung auf dem Mobilen Device über eine Klappleiste auf der linken Seite zu finden. Die Darstellung auf dem Mobilen Device ist also vereinfacht. Weitere wichtige Punkte wie der Warenkorb die Anmeldung oder die Suchen Funktion sind ohne weiteres Aufklicken zu finden. Während auf der Website einzelne Bereiche wie zum Beispiel „Voller Ideen", „Zauberhaft" oder „Stimmig" teilweise nebeneinander Dargestellt werden, sind diese auf dem Mobilen Device untereinander dargestellt. Dies ist der wesentlich kleineren Bildschirmgröße geschuldet. Ebenso sorgt es dafür das Smartphonenutzer beispielsweise nicht auch noch nach links und rechts scrollen müssen, um sich die ganze Website ansehen zu können. Das Design und die Farben sind bei beiden Darstellungen identisch und ermöglichen dem Nutzer daher sich schnell auf beiden wegen zurecht zu finden. Während sich bei der Website beispielsweise durch anklicken der Menüpunkte wie zum Beispiel Women eine weitere Leiste am linken Bildschirmrand öffnet, auf welcher man dann auch die Unterpunkte angezeigt bekommt und man auch die weiteren Oberpunkte sieht, schaltet sich bei der Mobilen Device Ansicht das Menü um

---

[1] Vgl. Chic Ethic (o.J.), online

und man bekommt statt allen Oberpunkten nur noch den angeklickten Oberpunkt angezeigt mit seinen Unterpunkten darunter. Um dann in das Menü zurück zu kehren findet sich in der klappleiste auf der rechten oberen Seite der Button „zurück". Beim anklicken der einzelnen Unterpunkte öffnen sich diese weiter und der angeklickte Punkt erscheint im selben Fenster als Oberpunkt mit weiteren Unterpunkten darunter. Dadurch zeigt sich auch wieder, dass bei der Mobilen Device Lösung wert darauf gelegt wird, sich der kleineren Bildschirmgröße anzupassen und das Scrollen nach links und rechts zu vermeiden. Auch beim Checkout passt sich die Seite der Bildschirmgröße an.[2]

Durch das betrachten der Seite über beide Wege (Laptop und Mobile Device) zeigt sich die Benutzerfreundlichkeit des Shops. Der Kunde kann die Seite einfach über beide Wege nutzen ohne sich dabei groß umstellen zu müssen. Die Website passt sich der Bildschirmgröße an und überlädt den Bildschirm dabei nicht mit derzeit nicht relevanten Fenstern und Klappleisten. Durch das einfach zurück gehen, kommt der Nutzer des Mobilen Device ebenfalls bequem zu allen wichtigen Punkten. Dabei ist der zurück Button einfach zu finden und der Nutzer muss nicht unnötig suchen. Hierdurch lässt sich der Einkauf bequem und stressfrei auch von unterwegs tätigen. Hierbei steht die Bedienbarkeit auf einem Mobilen Device der Bedienung über einen Webbrowser um nichts nach.

---

[2] Vgl. Chic Ethic (o.J.), online

2.2 Aktuelle Mobile Commerce Trend Beispiele im Bezug auf Chic Ethic

Der Bereich Mobile Commerce ist ein wichtiger Punkt im Bezug auf Marketing. Hierbei zeichnen sich verschiedene Trends ab, welche auch von Chic Ethic genutzt werden könnten.

Derzeit wird erwartet das der Anteil an Mobile Commerce im Jahr 2021 einen Anteil von 72,9 % am gesamten E-Commerce in Einzelhandel weltweit ausmachen wird. Dadurch kristallisieren sich acht nennenswerte Trends heraus, welche nicht außer Acht gelassen werden sollten.[3]

Ein Marketinginstrument, welches Chic Ethic nutzen könnte ist das Proximity-Marketing. Hierbei handelt es sich um eine Technologie, welche darauf abzielt dem Kunden Angebote und Rabatte mitzuteilen, wenn er sich in der Nähe des Ladens befindet. Da Chic Ethic einen Standort in Graz hat können Kunden die sich dort in der Nähe befinden direkt angesprochen werden. Um diese Technologie nutzen zu können werden WiFi- und BLE-betriebene Beacons genutzt. Wichtig ist hierbei, dass sich der Kunde bereit erklärt hat, seinen Standort zu teilen. Des Weiteren sind One-Click-Bestellungen ein wichtiger Trend den es nicht zu unterschätzen gilt. Viele Kunden brechen den Kaufprozess ab wenn sie die Artikel schon im Warenkorb haben, da ihnen die Kaufabwicklung zu langwierig ist. Bei One-Click-Bestellungen kann der Kunde auf seine Daten wie beispielsweise Adresse oder Zahlungsdaten wie zum Beispiel die Kreditkartendaten zugreifen und diese direkt übertragen. Dadurch wird Zeit gepart und der Kunde kann quasi mit einem Klick einkaufen. Ebenso sind eine intelligente Site-Suche sowie Navigation den Kunden sehr wichtig. Daher sollte die Benutzeroberfläche sich den kleineren Bildschirmen von mobilen Geräten anpassen. Es sollte auch eine Suchen-Funktion vorhanden sein, um den Kunden das finden des richtigen Produktes zu erleichtern. Dabei sollte die Suche intelligent agieren damit die Ergebnisse gut mit den Suchbegriffen abgeglichen werden können. Eine Bilderkennungstechnologie, welche Fotos mit dem Sortiment des Verkäufers abstimmt kann ebenso zu mehr Verkäufen führen. Dadurch das der Kunde dann einfach nur ein Foto einspielen muss, um zu sehen ob der Verkäufer ebenfalls ein solches Produkt anbietet, spart es dem Kunden Zeit und dies führt zu einer höheren Zufriedenheit und zu einer professionellen Wahrnehmung. Chic Ethic sollte auch über personalisiertes Marketing nachdenken. Hierbei werden Kundendaten analysiert und dem Kunden aufgrund dieser Daten auf ihn

---

[3] Vgl. Affde (2021) online

passende Produkte angeboten. Dies kann die Kundenzufriedenheit steigern, da der Kunde auf ihn maßgeschneiderte Produkte vorgeschlagen bekommt und dies steigert die Verkaufszahlen. Voice-Shopping bekommt in Zeiten des Mobile Commerce eine immer größer werdende Bedeutung. Dabei recherchiert und sucht der Kunde Produkte per Sprachsuche. Dies ist beispielsweise unterwegs sehr praktisch oder wenn der Kunde seine Suche nicht eintippen möchte. Um hier Up-to-Date zu bleiben sollten Händler diese Funktion ebenfalls in ihren Shops integrieren. Ein weiterer Zahn der Zeit ist die Integration von Zahlungen mit Krypto-Währungen. Besondere Merkmale der Zahlungen per Krypto-Währung sind schnellere Transaktionen, niedrige Kosten, Anonymität und verbesserte Sicherheit. Ebenso besteht die Möglichkeit Zahlungen mit Krypto-Währungen per QR-Code zu integrieren. Eine weitere Möglichkeit die Reichweite des Online-Shops zu erhöhen ist der Soziale Handel. Über Soziale Medien wie Instagram oder Facebook gibt es die Möglichkeit shoppable Posts zu schalten über die der Kunde direkt in den jeweiligen Shop weitergeleitet wird. [4]

Chic Ethic kann alle diese Trends für sich nutzen. Das Proximity-Marketing könnte in der Nähe des Shops in Graz geschaltet werden, auch One-Click-Bestellungen können in das bestehende System einfach integriert werden. Ebenso stellen intelligente suchen sowie Bilderkennungssoftwares kein großes Problem dar, da sie in der Regel durch Softwaretools hinzugekauft und einfach in die bestehende Website integriert werden können. Auch Voice-Shopping, intelligente Personalisierung und sozialer Handel stellen heutzutage keine Probleme mehr dar. Bei den verschiedenen Bezahlmethoden auch die Zahlung per Krypto-Zahlungen anzubieten ist ebenfalls bereits in verschiedenen Shops möglich und könnte von Chic Ethic ebenfalls angeboten werden.

2.3 Vergleich der Mobilen Umsetzungen von Chic Ethic und Herzchenklein.at

Der Online-Shop Herzchenklein.at bietet personalisierte Geschenke für Kinder und Babies aus allen Möglichen Bereichen wie zum Beispiel Tassen, Wickeltaschen, Babyhandtücher, Babyspielzeug, Kuschelhasen, Holzbrettchen, Holzschilder, Sicherheitsbabylöffel und so weiter an.[5]

---

[4] Vgl. Affde (2021) online
[5] Vgl. Herzchenklein (o.J.) online

Ruft man die Seite dieses Online-Shops über ein Mobiles Device auf so stellt sich der Aufbau des Shops zunächst ähnlich dar wie bei Chic Ethic. Eine Besonderheit fällt jedoch direkt ins Auge. Auf der Seite von Herzchenklein erscheint oben ein Werbebanner welches verschiedene Produkte im Wechsel zeigt. Die Anzeige springt also um. Ein weiterer Unterschied findet sich wenn man ins Menü geht und die einzelnen Unterpunkte anklickt. Hier schließen sich diese wieder, wenn man den Oberpunkt erneut anklickt. Einen zurück Button gibt es daher nicht. Möchte man dieses Menü im gesamten verlassen gibt es oben ein X mit welchem das gesamte Menü geschlossen werden kann.[6]

Genauso wie auf der Seite von Chic Ethic[7] wird man direkt bei betreten der Seite von Herzchenklein[8] auf die Newsletteranmeldung hingewiesen. Diese finden sich ebenso weiter unten auf der Seite erneut. Herzchenklein ist im Gegensatz zu Chic Ethic ein reiner Onlineshop, daher wird hier natürlich nicht auf die Öffnungszeiten hingewiesen.

Auffallend ist das beide Onlineshops einen ähnlichen Aufbau haben. Dies ist sehr Nutzerfreundlich, da sich der Kunde einfach auf den Shop einstellen kann, da er den Aufbau bereits von ähnlichen Shops kennt. Viele Shops Nutzen daher einen ähnlichen Aufbau, sodass die Kunden stressfrei und einfach einkaufen können. Der wechselnde Werbebanner von Herzchenklein kann besonders für Kunden die das erste mal auf der Seite sind von Vorteil sein, da der Kunde Inspirationen bekommt und er die Produkte, welche ihn interessieren direkt dort anklicken kann und dann zum jeweiligen Produkt weitergeleitet wird. Natürlich ist hier auch eine Personalisierung der Werbung denkbar. Alles in allem lässt sich sagen, dass die Mobile Device Präsenzen beider Anbieter sich der Bildschirmgröße anpassen und sehr Nutzerfreundlich gestaltet sind.

2.4 Unterschiede von Mobilen Webseiten und Nativen Apps

Native Apps werden auf dem jeweiligen Betriebssystem des Mobilen Device installiert. Daher sind für die verschiedenen Betriebssysteme wie Googles Android, Apples iOS und Microsofts Windows jeweils unterschiedliche Programmiersprachen notwendig. Bei Android sind das Java oder Koltin, bei iOS Swift oder Objective-C und bei Windows C#, C oder C++. Dies bedeutet, dass für jedes Betriebssystem eine eigene App

---

[6] Vgl. Herzchenklein (o.J.) online
[7] Vgl. Chic Ethic (o.J.), online
[8] Vgl. Herzchenklein (o.J.) online

geschrieben werden muss, wenn die App bei allen Mobilen Devices angeboten werden soll. Ein Vorteil dieser Native Apps ist es jedoch, dass sie auf Hardware und Software Funktionen wie beispielsweise Dateien, Kamera, Mikrofon oder GPS zugreifen können. Zur Nutzung dieser Apps ist es notwendig das der Nutzer diese App in seinem jeweiligen App-Store herunterlädt. Bei Web Apps und Mobilen Webseiten ist dies nicht der Fall. Der Kunde kann durch aufrufen der Seite direkt darauf zugreifen. Hier ist für die Nutzung jedoch eine Internetverbindung zwingend erforderlich. Bei Mobilen Webseiten handelt es sich in der Regel um eine auf die Bildschirmgröße des Mobilen Devices angepasste Webseite. Die Programmierung ist vom Betriebssystem unabhängig. Eine Nutzung der Software und Hardware Funktionen ist jedoch nicht uneingeschränkt möglich. Es ist zwar mittlerweile möglich diese durch Tricks wie das Zwischenspeichern auf einem lokalen Speicher, dies nennt sich Cache, zu nutzen, dies ist jedoch mit enormen Einschränkungen verbunden.[9]

Eine weitere Möglichkeit die Inhalte darzustellen ist die Hybrid App. Hierbei handelt es sich um eine Native Webseite die in eine Web App eingebettet ist. Durch einbinden des internen Speichers kann hiermit auch offline gearbeitet werden. Auch Hardwarekomponenten können genutzt werden. Die Übersetzungsprozesse sowie die Ladegeschwindigkeit haben jedoch Einschränkungen.[10]

Hierdurch zeigt sich, das alle drei Varianten ihre Vorteile und Nachteile haben und das Unternehmen abwägen muss, welche Komponenten ihm am wichtigsten sind, um die passende Variante auszuwählen.

2.5   Der Begriff ROPO im Mobile Commerce Kontext

Die Abkürzung ROPO (research online, purchase offline) bedeutet online recherchieren und offline erwerben. Der Käufer informiert sich also zunächst im Internet über ein Produkt, kauft es dann aber im stationären Handel. Dieses Phänomen nennt man auch Webrooming, da der Käufer das Produkt zuerst im Netz vergleicht. Hier bezieht er zum Beispiel Preise und Rezensionen mit ein. Entscheidet er sich für das Produkt geht er dann zum Laden um es zu kaufen. Dieser Effekt ist also das Gegenteil von Showrooming, wo sich der Kunde im Laden informiert, um dann online zu kaufen. Der

---

[9] Vgl. Indal (o.J.) online
[10] Vgl. Indal (o.J.) online

ROPO-Effekt ist besonders bei beratungsintensiven Produkten zu finden. Auch kann sich der Kunde während des shoppens im Laden online informieren. Auch eine Verschmelzung ist denkbar und wir auch schon genutzt. Dies ist via Click und Collect möglich. Hierbei werden Produkte online reserviert und können dann im Laden abgeholt werden. Dies hat den Vorteil für den Kunden, dass das Produkt auch verfügbar ist und er nicht umsonst in den Laden fährt. Für den Händler hat es beispielsweise den Vorteil, dass ein zufriedener Kunde eher wieder dort einkauft. Daher ist der ROPO-Effekt eine Chance für den stationären Handel, um die Kunden online abzuholen und in den Laden zu bekommen. Dabei ist es wichtig in der online Präsenz zu kommunizieren, ob das Produkt derzeit verfügbar ist, eine Reservierung zu ermöglichen und auch die Öffnungszeiten zu kommunizieren.[11]

Dieses Phänomen könnte Chic Ethic ebenfalls nutzen. Über die Webpräsenz könnte eine reservieren Funktion angeboten werden. Der Kunde könnte dann direkt zum Laden kommen und die Produkte ansehen und/oder anprobieren. Dadurch kommt der Kunde in den Laden und zieht und kauft dort eventuell noch weitere Produkte, welche ihm online nicht aufgefallen wären. Dadurch kann ein Cross Selling Ansatz genutzt werden.

Ebenso bekommt Chic Ethic durch die direkte Interaktion mit dem Kunden ein direktes Feedback, welches für weitere Anreize und Verbesserungen genutzt werden kann.

Auch können so größere Retouren und der damit verbundene Aufwand vermieden werden.

2.6 Verschiedene Formen von Mobile Commerce

Beim Mobile Commerce wird zwischen Pure Mobile Commerce, Kooperativem Mobile Commerce, Multi-Channel Mobile Commerce, Hybridem Mobile Commerce und Vertikalem Mobile Commerce unterschieden.[12]

Beim Pure Mobile Kanal werden die Produkte und Dienstleistungen ausschließlich online angeboten. Von Kooperativem Mobile Commerce spricht man, wenn die Produkte oder Dienstleistungen über Portale oder Plattformen im Mobilen Kanal angeboten werden. Dies erfolgt in kooperativer Form. Ergänzungen durch andere Kanäle sind

---

[11] Vgl. Ionos (2020) online
[12] Vgl. Skriptum Mobile Commerce (o.J.) online

möglich. Multi-Channel Mobile Commerce meint eine Kombination aus online und offline Handel. Hierbei muss mindestens eine offline Verkaufsstelle existieren. Hybrider Mobile Commerce meint eine Kombination aus verschiedenen Distanzhandelskanälen. Damit muss mindestens ein online Kanal vorhanden sein. Vertikaler Mobile Commerce meint, dass der Mobile-Kanal wird von den Geräteherstellern oder Netzbetreibern zum Verkauf an Endkunden genutzt wird oder Portale den Supply-Chain kontrollieren.[13]

Bei dem Online Shop von Chic Ethic handelt es sich um Multi-Channel Mobile Commerce, da Chic Ethic sowohl einen Online-Shop als auch einen stationären Verkauf in Graz betreibt. Dadurch betreibt Chic Ethic sowohl online (via Online-Shop) als auch offline (Laden in Graz) Kanäle. Daher kann Chic Ethic dem Multi-Channel Mobile Commerce zugerechnet werden.

2.7 Device Nutzungsstrukturen

Bereits im Jahr 2019 wurden Smartphones täglich fast genau so lange genutzt wie der Desktop-Rechner, Tendenz steigend. Damit zeigt sich das die Nutzung von Mobilen Devices nicht zu unterschätzen ist. Mit Nutzungszeiten von durchschnittlich 3:23 Std. pro Tag (Smartphones 20199 bzw. 3:27 Std. (Desktop Browser 2019) pro Tag ist das Internet heutzutage nicht mehr wegzudenken.[14]

Dabei ist auffällig, dass Smartphones am Wochenende und Abends häufiger genutzt werden und Werktags vormittags und nachmittags der Desktop Browser vorne liegt.[15]

Dadurch zeigt sich, dass der Desktop Browser gerade in beruflichen Umfeld die Nase vorne hat, während das Smartphone im privaten Bereich und in der Freizeit dominiert.

Auffällig ist, dass viele Kunden das Smartphone zwar zu informationszwecken nutzen, den tatsächlichen Kauf dann jedoch am Desktop Browser durchführen. [16]

Diese Struktur wird bei Chic Ethic oder vergleichbaren Händlern wie beispielsweise Herzchenklein nicht anders aussehen. Die Kunden werden sich in der Freizeit am Handy informieren und darüber nachdenken welche Produkte sie kaufen möchten.

---

[13] Vgl. Skriptum Mobile Commerce (o.J.) online
[14] Vgl. Kroker (2019) online
[15] Vgl. Skriptum Mobile Commerce (o.J.) online
[16] Vgl. Skriptum Mobile Commerce (o.J.) online

Hier ist es wichtig, den Kauf besonderes einfach und angenehm zu gestalten, sodass die Kunden die Käufe in Zukunft direkt am Handy abschließen und dafür nicht auf den Webbrowser zugreifen. Dies ist mit Hilfe verschiedener Tools, welche beispielsweise Zahlungsdaten oder Adresse speichern möglich. So kauft der Kunde eher direkt, wodurch Kaufabbrüche oder Nichtkäufe minimiert werden können. Dies steigert den Umsatz und sollte daher umgesetzt werden.

2.8 Social Mobile Commerce Strategie von Chic Ethic

Das Unternehmen Chic Ethic setzt im Bereich Marketing zunehmend auf Social Mobile Commerce. Diese Form von Mobile Commerce welche auch über Sociale Medien betrieben wird und auch die Soziale Komponente in der Unternehmensphilosophie von Chic Ethic unterstreicht hat den Vorteil das im digitalen Zeitalter in dem Soziale Medien immer wichtiger werden die Reichweite des Unternehmens erhöht wird. Das Unternehmen wir auf Sozialen Medien wie Facebook und Instagram geshen und kann so seine Produkte zeigen. Des Weiteren ist der immer bedeutender werdende fair trade Handel ein wichtiger Punkt in der Unternehmensphilosophie und kann so weitergetragen werden. Da dies jungen Leuten zunehmend wichtig wird und diese oft die Hauptnutzer von sozialen Medien sind passt dies gut zusammen. Ebenso können mittlerweile beispielsweise Kleidungsstücke mit einem Link versehen werden und der Nutzer wird dann direkt in den Online-Shop weitergeleitet. Dadurch können die Nutzer, welche ein Kleidungsstück auf eine Instagramfoto sehen dieses durch anklicken des Links direkt nachshoppen. Dies erhöht die Verkaufszahlen, da mehr Menschen Chic Ethic sehen und wahrnehmen. Ebenso kann dort Werbung geschaltet werden oder Feedback erhalten werden. Ein wichtoger Punkt bei dem Vertrieb über Social Media sind Rabattcodes. Durch diese erhält der Nutzer einen Discount wenn er bei dem jeweiligen Shop kauft.

Hier findet sich auch ein Nachteil. Kunden die den Laden besuchen und dort kaufen bekommen diesen Rabatt nicht. Dies kann dazu führen das sich Kunden benachteiligt fühlen. Ebenso kann es dazu führen, dass sich Kunden die sich gerade im Laden befinden online informieren und dann dort bestellen.

Alles in allem überwiegen jedoch die Vorteile, da die erhöhte Reichweite zu Wachstum und erhöhtem Umsatz führt.

3 Fazit

Abschließend lässt sich sagen, dass der Bereich Mobile Commerce immer weiter an Bedeutung gewinnt und aus dem heutigen Zeitalter gar nicht mehr weg zu denken ist. Mobile Commerce gibt den Unternehmen die Möglichkeit eine größere Reichweite zu erlangen und an Bekanntheit zu gewinnen. Die Kunden könne sich hierdurch besser informieren und Produkte vergleichen. Dadurch kann dieser Bereich als Chance für Kunden und Unternehmen gesehen werden. Man kann also bei richtiger Nutzung von einer Win-Win-Situation sprechen.

Literaturverzeichnis

Affde, 8 Mobile-Commerce Trends, die bis 2021 und darüber hinaus dominieren werden (2021) online abgerufen am 13.12.2021 auf https://www.affde.com/de/mobile-commerce-trends-1.html

Chic Ethic (o.J.) online abgerufen am 13.12.2021 auf https://chic-ethic.at/

Herzchenklein (o.J.) online abgerufen am 13.12.2021 auf https://www.herzchenklein.at/

Indal (o.J.) online abgerufen am 14.12.2021 auf https://indal.de/app-entwicklung-tablet-smartphone-android/wo-ist-eigentlich-der-unterschied-zwischen-einer-mobile-webseite-web-app-native-app-und-hybrid-app/

Ionos, Stationärer Handel vs. E-Commerce: Was ist der ROPO-Effekt? (2020) online abgerufen am 14.12.2021 auf Https://ionos.de/digitalguide/online-marketing/verkaufen-im-internet/was-ist-der-ropo-effekt/

Kroker, Michael, Desktop vs Mobile: Erstmals täglich verbrachte Zeit an Smartphones gleichauf mit PCs (2019) online bezogen am 14.12.2021 auf https://blog.wiwo.de/look-at-it/2019/10/01/desktop-vs-mobile-erstmals-taeglich-verbrachte-zeit-an-smartphones-gleichauf-mit-pcs/#:~:text=Gemessen%20in%20Minuten%20liegt%20der,etwas%20mehr%20als%20anderthalb%20Stunden.

Skriptum Mobile Commerce (o.J.) online bezogen am 14.12.2021 auf der Lernplattform study-now.eu im Rahmen des Studienganges MBA Digital Transformation